Paru sous le titre original de : *Garfield's Tales of Mystery*

Publié par **Presses Aventure,** une division de **Les Publications Modus Vivendi inc.**
55, rue Jean-Talon Ouest, 2e étage Montréal (Québec) H2R 2W8

Dépôt légal - Bibliothèque et Archives nationales du Québec, 2006
Dépôt légal - Bibliothèque et Archives Canada, 2006

Traduit de l'anglais par : Jean Beaumont

ISBN-10 2-89543-595-2
ISBN-13 978-2-89543-595-2

Nous reconnaissons l'aide financière du gouvernement du Canada par l'entremise du Programme d'aide au développement de l'industrie de l'édition (PADIÉ) pour nos activités d'édition.

Table des matières

Maman

L'indice dans le poulailler

« Ce sont les poulets ! », dit Mme Arbuckle à Jon avec qui elle s'entretenait au téléphone. « Viens vite ! »

Jon, Garfield et Odie accoururent vers la ferme Arbuckle.

– Chaque matin, je trouve une nouvelle poule, leur dit Mme Arbuckle. Tu te souviens que nous avons toujours gardé 10 poules. Plus maintenant, car ton père ne peut plus les supporter. Il se plaint qu'elles sont malpropres et pas vraiment intelligentes.

– Mais elles sont superbes dans une assiette, fit remarquer Garfield.

– Et alors, des poules sont tombées du ciel, car mardi j'en ai compté 11 et mercredi elles étaient 12. Chaque matin, il y en a une de plus. Ce matin, j'en ai dénombré 15. Et je ne sais pas d'où elles viennent. Évidemment, je ne peux pas en parler à ton père; autrement, il aurait une attaque. Quant à ton frère, Doc Boy, il ne m'est d'aucune aide. Sa petite amie l'occupe trop.

– Doc Boy a une petite amie ? demanda Jon.

– Je pensais qu'il avait une relation stable avec le tracteur, dit Garfield.

– Il s'agit d'Anna Mae Fleener, répondit Mme Arbuckle. Son père s'occupait auparavant de la ferme avicole. Doc Boy est rentré tard tous les soirs cette semaine.

– As-tu remarqué autre chose d'inhabituel ? s'enquit Jon.

– Eh bien, un de mes tabliers a disparu.

– Ne t'en fais pas, maman. Je vais aller jusqu'au fond de cette affaire, lui assura Jon.

– Tout de suite après le dîner, ajouta Garfield.

Après le dîner, Garfield et Odie inspectèrent le poulailler. Pendant qu'Odie furetait partout à la recherche d'indices, Garfield questionna les nouvelles poules, en vain cependant.

Bas
puants

– Ces stupides poules gloussantes ne sont d'aucune utilité, dit-il à Odie. Tout ce qu'elles savent, c'est qu'elles ont traversé une route. Elles n'arrivent pas à comprendre pourquoi. As-tu trouvé quelque chose ?

Odie renifla l'air, puis fronça son museau.

Garfield usa de son museau lui aussi. « Quelque chose dans le poulailler sent le pourri », dit-il.

Nos détectives à fourrure allèrent ensuite inspecter la maison de la ferme. Ils vérifièrent la chambre à coucher de M. et Mme Arbuckle. Puis Garfield passa un long moment à examiner l'intérieur du réfrigérateur. Enfin, Odie et lui jetèrent un coup d'œil dans la chambre de Doc Boy.

La salopette de Doc Boy était étendue sur son lit. « Il doit avoir un autre rendez-vous galant ce soir », pensa Garfield.

De nouveau Odie renifla l'air et fronça son museau. Il désigna aussitôt une bouteille sur la commode de Doc Boy.

« De la lotion après-rasage Bas puants », dit Garfield. Cela a certainement une senteur – pouah ! – familière. Hum ! Doc Boy a eu des rendez-vous galants tous les soirs cette semaine. Odie, nous sommes sur une piste intéressante. Allons retrouver Jon.

Jon se trouvait dans la grange s'affairant à coller des plumes à un certain sac de nourriture. « Je suis en train de me confectionner un déguisement de poulet », dit-il à ses animaux de compagnie.

– Jon, nous ne nous intéressons pas à tes passe-temps bizarres, lui répondit Garfield.

– Ce soir, je vais enfiler ce déguisement et me cacher dans le poulailler. Si quelqu'un s'y introduit furtivement avec un poulet, je vais le coincer. Il revêtit le costume. Eh bien, à quoi est-ce que je ressemble ?

– À une grosse dinde, répondit Garfield. Mais n'y a-t-il pas autre chose de vraiment nouveau chez toi ?

Ce soir-là, Jon, Garfield et Odie firent le guet dans le poulailler sombre.

« Je suis content que vous soyez ici, les garçons », dit Jon. « J'allais demander à Doc Boy de se joindre à moi, mais il sortait avec une fille. Pourquoi n'ai-je jamais eu, moi, de rendez-vous galant ? »

– La plupart des femmes ne sont pas attirées par les poulets, fit observer Garfield.

Soudain, ils entendirent des bruits de pas qui se rapprochaient d'eux. Puis les charnières de la porte du poulailler grincèrent légèrement au moment où elle s'ouvra. Une silhouette sombre pénétra dans le poulailler.

« Je te tiens ! », s'écria Jon en même temps qu'il allumait sa lampe de poche. L'inconnu sursauta. C'était Doc Boy vêtu d'un tablier et qui tenait dans une main un poulet dans le même état de choc que lui !

« Doc Boy ? », dit Jon.

– Lâche cette poule ! lui cria Garfield.

Aveuglé par la lumière, Doc Boy mit un pied dans une chaudière de graines et alla s'écraser dans une rangée de poules endormies, qui poussèrent alors des gloussements de frayeur.

« Que se passe-t-il là-dedans », demanda le père de Jon. M. et Mme Arbuckle jetèrent un regard d'un air interrogateur dans le poulailler. Ils aperçurent Doc Boy portant le tablier de sa mère et Jon déguisé en poulet. « Je vous aime mes garçons », dit Mme Arbuckle, « mais quelle étrange façon de s'amuser ! »

Lorsque les plumes cessèrent de virevolter, Doc Boy confessa tout. « Je l'ai fait pour Anna Mea. Son père s'apprêtait à vendre ses poulets et elle ne pouvait pas supporter de les voir tous partir. Aussi en ai-je acheté quelques-uns. J'ai pensé que si je les mettais discrètement dans le poulailler, un à la fois, personne ne s'en apercevrait. »

– Combien avais-tu l'intention d'en cacher ? demanda Mme Arbuckle.

– Cinquante.

– Crois-moi, ils se seraient fait remarquer, dit Garfield.

– Je n'aurais jamais pu te soupçonner, toi, Doc Boy, continua Mme Arbuckle.

– Moi si, dit Garfield. J'ai eu le pressentiment que le tablier manquant était un indice pouvant mener à Doc Boy. Pourquoi quelqu'un volerait-il un tablier ? Pour protéger ses vêtements. Et qui parmi nous porte depuis quelque temps sa salopette ? Doc Boy. Lorsque Odie et moi avons détecté l'odeur de la lotion après-rasage Bas puants dans le poulailler et dans la chambre à coucher de Doc Boy, je savais que nous tenions notre homme. Mais nous devions le prendre sur le fait.

– Dieu merci, tout est fini, soupira Mme Arbuckle. Allons célébrer cela en prenant une collation de minuit. Je gage que tu pourrais manger quelque chose, Garfield, n'est-ce pas ?

Garfield sourit jusqu'aux oreilles. « On ne peut rien te cacher ! »

Maman

La tarte dérobée

Garfield et Odie regardaient Jon en train de sortir du four une tarte aux cerises qu'il glissa rapidement dans une cage d'oiseaux vide. Il enleva ensuite ses gants de cuisine, ferma la porte de la cage en la faisant claquer, puis la cadenassa.
« Sais-tu ce que c'est, Garfield ? », lui demanda Jon, tenant la cage en l'air.
– Une tarte dans une cage, répondit Garfield. Bonne chance si tu veux lui apprendre à chanter.
Jon suspendit la cage à un crochet fixé au plafond de la cuisine. « C'est ma méthode infaillible pour vous empêcher de mettre vos pattes sur cette tarte, que j'ai faite pour la fête de ce soir chez Grandma. La porte de la cage est verrouillée et je possède la seule clef permettant de l'ouvrir. Pour plus de précaution, j'ai mis toutes les chaises dans la salle à manger dont j'ai barré la porte. Alors, n'imaginez pas pouvoir les empiler pour atteindre la cage. »
« Il ne me fait pas confiance, Odie », lui dit Garfield. « Je respecte cela. »
Jon regarda par la fenêtre d'un air interrogateur. « Il a cessé de neiger », dit-il au moment où il enfilait son manteau. « Je vais chez le barbier. Au revoir, Garfield. J'espère que l'odeur de cette tarte ne te mettra pas trop en appétit. »
Une heure plus tard, Jon revenait. Il vérifia immédiatement le contenu de la cage. La porte en était déverrouillée et ouverte. La tarte avait disparu !
« Mais comment cela se peut-il ? », cria Jon. « C'est impossible ! Garfield ! »
Garfield entra dans la cuisine d'un pas nonchalant, accompagné d'Odie bondissant

derrière lui. « Peu importe de quoi il s'agit, c'est Odie le responsable », déclara Garfield.

– Garfield, tu as volé ma tarte !

– Je n'en ai pas pris une miette.

– Je sais que tu l'as prise, Garfield, répondit Jon. Et je vais le prouver.

Jon commença par inspecter les pattes de Garfield. « Voici une preuve de ta culpabilité ! », s'exclama-t-il. « Regarde ce fil bleu pris dans tes griffes. Il est de la même couleur que mes gants de cuisine ! »

– Jon, lui demanda Garfield, quand as-tu fini par apprendre tes couleurs ?

Jon vérifia également les pattes d'Odie, qui étaient froides et mouillées. « Hum ! », dit-il. « Tu es sorti dehors. » Il examina ensuite le plancher. « Je vois des raies qui mènent à la porte. Traces que tu as tenté de faire disparaître. » Il marcha jusqu'à la poubelle. « Tu as essayé de les enlever avec ceci ! » Jon fit voir une boule d'essuie-tout mouillés et sales.

Enfin, regardant vers le comptoir, il y aperçut un tournevis. Il le saisit alors. « Dernier morceau du puzzle », dit-il.

– Utilise-le pour resserrer les vis de ton cerveau, dit Garfield avec brusquerie.

Jon réfléchit un instant, puis sourit avec satisfaction.

« Résoudre ce mystère a été incroyablement simple pour un esprit comme le mien. »

– Solution simple pour simple d'esprit, dit Garfield.

– Garfield, il te fallait trouver un moyen pour parvenir jusqu'à la cage. Or, les chaises se trouvaient toutes derrière une porte verrouillée. Alors, tu as demandé à Odie de faire une grosse boule de neige dans la cour et de la faire rouler jusque dans la cuisine. Raison pour laquelle ses pattes sont froides. Puis Odie s'est installé sur la boule de neige et toi sur son dos. Tu t'es ensuite servi du tournevis pour ouvrir le cadenas. Comme la tarte était encore chaude, tu l'as prise avec les gants de cuisine. Avec pour résultat la présence d'un fil dans tes griffes, signe de ta culpabilité. Enfin, Odie a ramené la boule de neige dehors en la faisant rouler par la porte. Et vous avez utilisé des essuie-tout pour enlever la neige fondante. Voilà, j'ai résolu le mystère ! »

– Belle tentative, Jon, dit Garfield, mais tu n'as pas encore résolu le problème de ta nullité.

Le téléphone se mit soudainement à sonner. C'était la grand-mère de Jon.

« Grandma, j'ai une mauvaise nouvelle concernant votre tarte », dit Jon.

– Vraiment ? répondit Grandma. Pourquoi ? Elle me semble convenable.

– Vous avez la tarte ? demanda Jon.

– Bien entendu ! Je suis passée chez toi pendant que tu étais sorti. À propos, Odie grattait à la porte de sorte que je l'ai laissé sortir. Naturellement, il a laissé des traces de neige partout sur le plancher de la cuisine après être rentré. Mais je l'ai essuyé avec des essuie-tout.

– Oh ! s'exclama Jon.

– Pourquoi la tarte était-elle dans une cage ? J'ai eu beaucoup de difficulté à ouvrir ce cadenas avec ma broche à cheveux. Heureusement, je n'ai pas encore perdu complètement la main !

– Mais le tournevis, dit Jon.

– C'est celui que je t'ai emprunté le mois dernier. J'ai pensé que tu voudrais le ravoir. Goûte aux biscuits que je t'ai laissés. On se voit à la fête.

Jon raccrocha le combiné et s'effondra sur le plancher. « Les essuie-tout, le tournevis, les coupables; j'avais tort sur toute la ligne, Garfield ».

– Eh bien, ce ne sera pas la dernière fois, Jon.

– Mais, et le fil dans tes pattes ?

– Tu te rappelles les rideaux bleus dans le salon ? Pendant que tu étais absent, ils ont connu une fin déchirante prématurée.

Jon soupira. « Je suppose que je ne suis pas un grand détective. »

– Déduction élémentaire, mon cher Arbuckle.

Jon se remit debout. Un plat vide sur le comptoir attira son attention.

« Hé ! dit Jon. Qu'est-il arrivé aux biscuits que m'a laissés Grandma ? »

Garfield se donna une petite tape sur l'estomac. « Vraiment, Jon, je n'en ai pas la moindre idée. »

Le secret de l'hippopotame glissant

« C'est gentil à vous, M. Nash, de nous faire visiter le musée à Garfield et moi », dit Jon au conservateur adjoint du musée d'histoire ancienne.
– En vous voyant manier maladroitement votre carte, j'ai pensé que vous auriez peut-être besoin d'aide, répondit M. Nash. D'ailleurs, j'adore montrer notre collection, en particulier nos artéfacts égyptiens. Vous intéressez-vous à l'égyptologie ?
– Égypte-quoi ? demanda Jon.
– Égyptologie. C'est l'étude de l'Égypte antique. Des gens très intéressants, les Égyptiens de l'antiquité. Saviez-vous qu'ils vénéraient les chats ?
– Tout le monde ne le savait-il pas ? demanda Garfield.
– Ils ont construit les pyramides, bien sûr. Et ils écrivaient avec ces dessins appelés hiéroglyphes. M. Nash leur montra une tablette en pierre sur laquelle étaient gravés des dessins minuscules disposés en rangées.
« Voici la pièce de la collection que je préfère », dit M. Nash, désignant un petit hippopotame bleu. « Il est âgé de presque quatre mille ans. » M. Nash retira l'hippopotame

de sa cage en verre. « Voudriez-vous le tenir dans vos mains ? »
– Oh ! je ne pourrais pas, répondit Jon.
– Nous ne laissons pas n'importe qui le manipuler, lui chuchota M. Nash. Mais vous semblez si intéressé.
Jon avança les mains avec précaution pour saisir la figurine. Puis soudainement, l'hippopotame se retrouva dans les airs. Jon plongea pour l'attraper, mais l'objet lui glissa entre les doigts et aller se briser en mille morceaux sur le plancher !
« Qu'avez-vous fait », hurla M. Nash. « Gardien ! Gardien ! »
– Ce n'est pas ma faute ! s'exclama Jon.
– J'espère que cet hippopotame est couvert par une garantie de quatre mille ans, dit Garfield.
Un gardien accourut vers eux.

« Cet homme a tenté de voler un objet antique inestimable », dit M. Nash.
« Menez-le au bureau du conservateur. Suivez-moi. »
– Quoi ? Il s'agit d'une erreur ! protesta Jon tandis que le gardien l'amenait avec lui.
– Comment est la nourriture en prison ? demanda Garfield au gardien.
M. Stimson, conservateur en chef du musée, était assis derrière son bureau.
M. Nash lui fit part avec colère de l'hippopotame brisé.
« Arbuckle », dit M. Stimson, « cet objet que vous avez essayé de voler devait faire partie d'une exposition très importante organisée par un musée de New York. Maintenant, il est en pièces. Et vous, vous avez de gros ennuis. »
– Mais... mais..., bégaya Jon.
– Messieurs, dit Garfield, mon client plaide non coupable pour cause de stupidité.
– Mais je n'allais pas le voler ! lâcha Jon. M. Nash m'a demandé si j'aimerais le tenir dans mes mains.
– Des sottises ! fit M. Nash sur un ton brusque. J'étais en train de préparer l'hippopotame pour l'exposition quand vous vous en êtes emparé subitement.
– Objection ! dit Garfield pour l'interrompre. Le témoin profère un mensonge !
– Et regardez l'hippopotame maintenant, continua M. Nash en tenant un sac en plastique contenant les morceaux de l'objet brisé.
– J'appelle la police, dit M. Stimson.
– Attendez ! dit Garfield. Il sauta sur le bureau et arracha le sac en plastique des mains de M. Nash.
– Hé ! fit M. Nash. Rapporte ça ici !
Garfield déversa aussitôt les fragments de poterie sur le bureau de M. Stimson.
« Il est juste un peu abîmé », dit Garfield. Avec frénésie, il se mit à essayer de remettre l'hippopotame en un seul morceau.
– Que se passe-t-il ici ? demanda M. Stimson.
Rapidement, Garfield réussit à assembler deux fragments qui allaient ensemble ainsi que les éléments graphiques à leur surface.

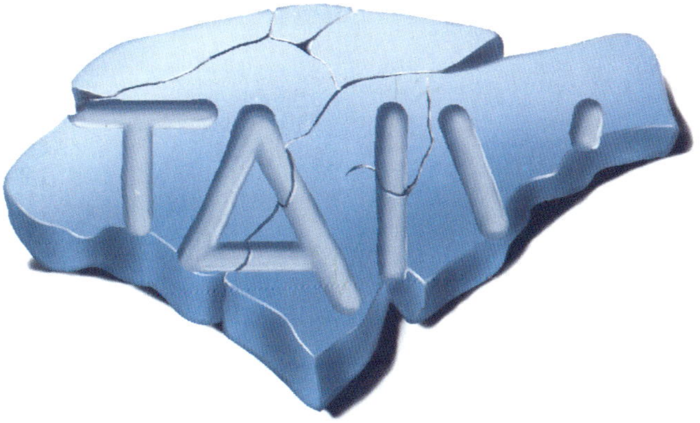

« Vous voyez ? Ce sera aussi beau que du neuf », dit Garfield. « On peut même lire les hiéroglyphes. »

Il ajouta un morceau à l'ensemble. « Personnellement, je pense que ces fractures donneront à l'objet un peu plus de caractère », continua-t-il. Soudain, il se figea. Il fixa du regard les fragments qu'il tenait dans ses pattes.

« Jon, tu es sauvé ! », s'exclama Garfield. « Si cet hippopotame n'a pas de prix, alors je suis l'oncle d'une momie ! »

M. Stimson examina les morceaux que lui présentait Garfield. « Nash, cet hippopotame est-il celui que M. Arbuckle a laissé tomber accidentellement ? »

– Naturellement.

– Mais cet hippopotame est un faux !

– Impossible ! dit M. Nash avec brusquerie.

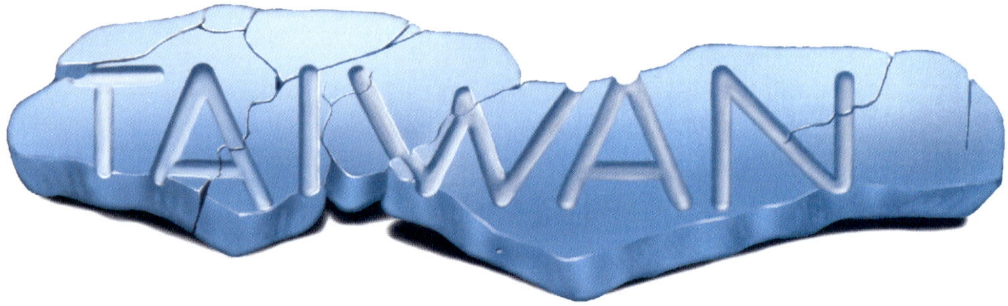

– C'est vraiment un faux, dit Garfield. Regardez, les caractères ne sont pas des hiéroglyphes, mais des lettres.

Jon regarda de près les trois fragments. « Quand on les met ensemble, on peut lire Taïwan. Qu'est-ce que cela veut dire ? »

– Cela signifie que l'hippopotame a été fabriqué à Taïwan et non par un Égyptien de l'antiquité, répondit M. Stimson. Il s'agit d'une reproduction provenant de la boutique de cadeaux du musée. – Quelqu'un doit l'avoir substitué à l'original, supposa M. Nash.

– Évidemment, dit M. Stimson. Pourquoi ne vous en êtes-vous pas aperçu ?

– Eh bien, je…, commença M. Nash.

– Vous avez retiré vous-même l'hippopotame de sa cage de verre, dit M. Stimson en l'interrompant. Vous avez bien dû voir qu'il s'agissait d'un faux. Expliquez-vous, Nash.

M. Nash fit un pas en direction de la porte. « Pas si vite ! », cria Garfield. Il sauta dans le dos de M. Nash, qui tomba de tout son long.

M. Nash poussa un gémissement. « J'abandonne. Hier, j'ai laissé tomber par accident l'hippopotame original. J'ai alors paniqué et l'ai remplacé par un faux. Mais je savais que l'on découvrirait le subterfuge au cours de l'exposition au musée. J'ai alors décidé de m'arranger pour que quelqu'un brise la reproduction. De sorte que personne ne pourrait me soupçonner d'avoir mis en pièces l'original. J'ai choisi M. Arbuckle comme victime, car il a l'air si maladroit.

– Sans parler qu'il est crédule, dit Garfield.

M. Nash fut amené par le gardien. M. Stimson s'excusa auprès de Jon pour tous les ennuis qu'on lui avait causés. « Vous avez de la chance que votre chat ait identifié ce faux », dit-il à Jon.

– En vérité, Garfield n'est pas facile à duper, répondit Jon.

– Comme on dit, Jon, fit observer Garfield, on peut toujours tromper certaines personnes… mais que l'on ne tente jamais de berner un chat !

MAISON
DES CLOWNS

Le fantôme de Funland

Le vieux parc d'amusement était fermé depuis des années, et la barrière en bois grinça au moment où le gardien de nuit à l'allure sinistre l'ouvra. Jon et Garfield s'engagèrent dans l'ouverture.

« Que voulez-vous y faire ? », demanda le gardien.

– Nous cherchons notre chien, lui expliqua Jon. Odie donnait la chasse aux lucioles et les a suivies jusqu'au-delà de votre clôture en passant par un trou. Il fait des choses comme ça.

– Parce que sa langue est plus volumineuse que son cerveau, marmonna Garfield. Il jeta un coup d'œil aux bâtiments, qui étaient dans un état de délabrement avancé. « Cet endroit fait frissonner. Retrouvons Odie et partons d'ici. »

« J'ai entendu dire que Funland était hanté », dit Jon au gardien. « Est-ce que c'est vrai ? »

– Prenez garde au fantôme, fut tout ce que répondit le gardien.

– Un fantôme ? répéta Garfield. À la réflexion, Odie peut bien retrouver tout seul son chemin jusqu'à la maison. Rentrons, Jon. Nous sommes en train de manquer *S'amuser avec Fungus*, qui passe sur la chaîne de la télévision publique.

Jon eut un serrement à la gorge. « Un fantôme rode-t-il vraiment par ici ? »

– Prenez garde, répéta le gardien. Puis il disparut dans la nuit.

« J'entends les appels de mon ours en peluche », dit Garfield en train de se retourner pour rebrousser chemin.

– Nous continuons, Garfield ! dit Jon. Nous ne pouvons pas laisser Odie ici.

– Bon, d'accord, grommela Garfield. Mais je déteste vraiment les hantises.

Jon et Garfield commencèrent leur recherche dans le parc. Ils rampèrent pour dépasser la vieille maison amusante dont le toit, éclairé par la lune, supportait une tête de clown géante en plâtre arborant un large sourire inquiétant. Ils jetèrent un coup d'oeil furtif dans le noir de l'arcade. Ils vérifièrent les espaces sombres sous les montagnes russes. Mais Odie ne s'y trouvait pas.

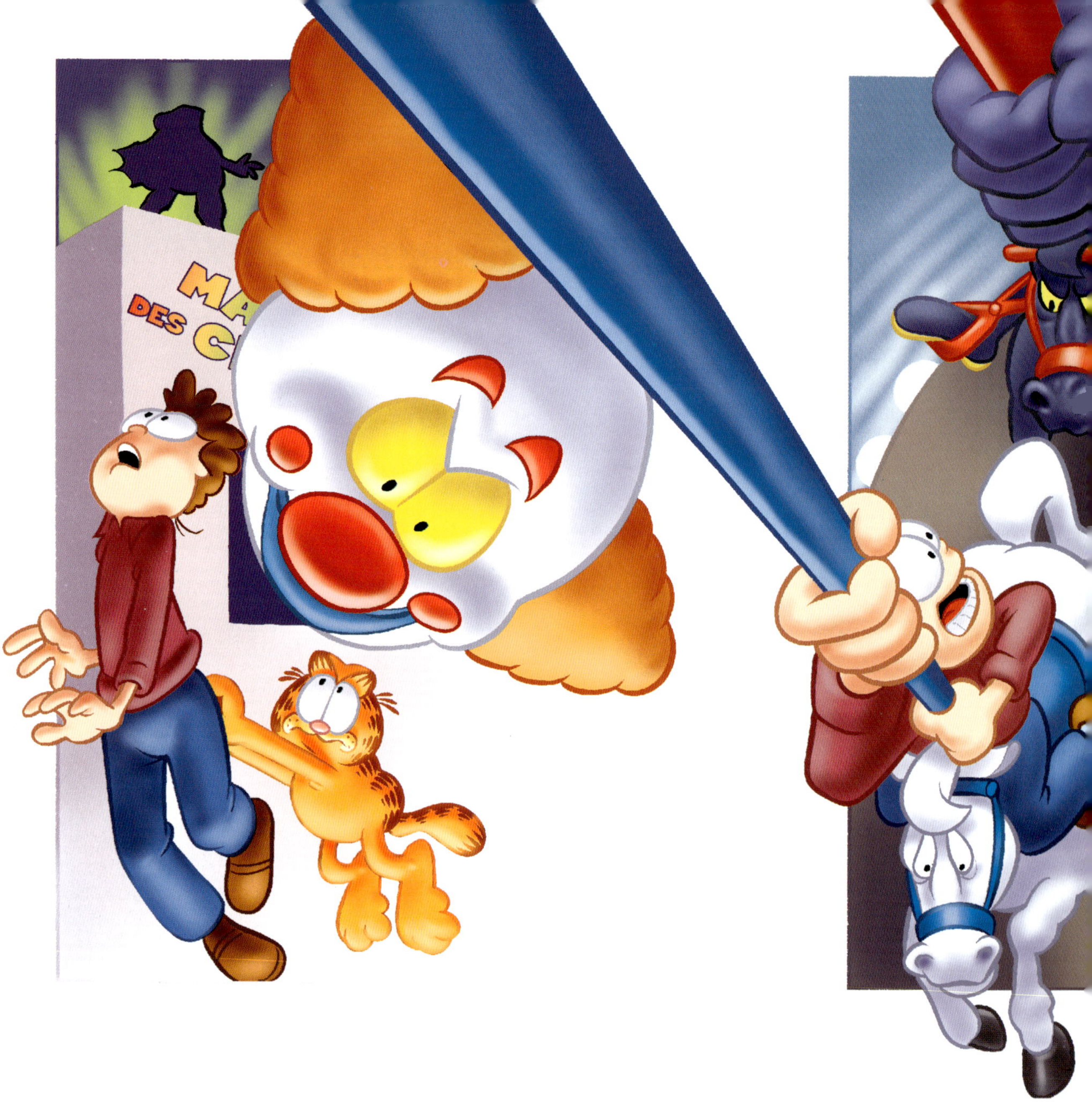

Comme ils passaient de nouveau devant la maison amusante, un cri de maniaque résonna à mi-chemin en eux et le bâtiment les figèrent sur place. Puis une ombre sur le toit de la maison capta l'attention de Garfield. « Jon, je vois un... » Mais il ne put terminer sa phrase, car la tête de clown géante plongeait droit sur eux !

« Fais attention ! », cria Garfield, qui écarta Jon brusquement. La tête de clown se fracassa sur le sol, les manquant de justesse.

« Jon, quelqu'un ne veut vraiment pas que nous nous promenions ici », dit Garfield. « Je veux dire quelqu'un d'autre que moi ! »

Tremblant devant chaque ombre, ils poursuivirent leur recherche. Mais Odie ne se trouvait nulle part. Finalement, ils se dirigèrent vers le carrousel pour s'y asseoir.

Soudainement, le manège s'alluma et commença à tournoyer !

« Holà ! », s'écria Jon. Garfield et lui enfourchèrent rapidement des chevaux. « Qui a mis en marche ce truc ? »

– C'est moi, dit une voix grave et sinistre.

Jon et Garfield se retournèrent lentement. Derrière eux, assis sur un cheval, se trouvait… le fantôme ! Il avança les doigts décharnés d'une de ses mains pour saisir Garfield en tenant fermement son cheval vacillant avec son autre main, recouverte d'un gant noir.

« Belle chevauchée », dit Garfield. « Eh bien, je crois que nous devons paniquer maintenant. À la revoyure ! »

Jon et Garfield sautèrent en bas du carrousel en poussant un cri aigu et s'enfuirent à toute vitesse. Le fantôme les poursuivit.

Dans une tentative désespérée pour échapper à son assaillant, Garfield bifurqua vers la drôle de maison dont il ouvrit la porte pour y entrer. Immédiatement, le plancher se déroba sous lui et il dégringola sur une longue glissade qui s'engouffrait dans le noir. Il s'arrêta finalement en bas de la glissade en dérapant… pour tomber face à face avec une autre horrible créature ! Garfield poussa un cri ! La créature aussi. Puis elle lui donna un coup de langue humide, familier à Garfield.

« Odie ! », dit Garfield, qui serra son ami contre lui. « Idiot de crétin ! Grâce à toi, nous allons servir de chair à fantôme ! Il nous faut retrouver Jon et partir d'ici ! »

Ils devaient d'abord trouver un moyen de sortir de cette maison. Garfield aperçut une bande de lumière. « Ce doit être une porte », dit-il. Il l'ouvrit lentement.

La pièce derrière la porte, presque vide, ne contenait qu'un lit de camp et une pile de vêtements.

« Regarde ! Voici l'uniforme du gardien », dit Garfield. « Mais où est-il donc ce gardien ? »

Odie fourra son nez sous le lit de camp et en ressortit avec un gant noir. Garfield l'examina de près. « Odie, je commence à penser que le fantôme n'est pas véritable. Vérifions cette hypothèse ! »

Lorsque les deux animaux de compagnie réussirent finalement à sortir de la maison, ils entendirent Jon appeler à l'aide. Ils se précipitèrent vers le lieu d'où provenait le cri.

Le fantôme avait coincé Jon sous la roue Ferris.

« Abaisse-le Arbuckle ! », cria Garfield. Fonçant vers eux, il bondit sur le levier de commande de la roue Ferris, qui commença à tourner et accrocha le fantôme pour le faire tomber sur un siège !

Garfield fit tourner très rapidement la roue Ferris dans un sens puis dans l'autre. « J'abandonne ! J'abandonne ! », supplia le fantôme après quelques minutes. « Faites arrêter cette roue. »

Lorsque le fantôme arriva en bas de la roue, Garfield poussa le frein. Le fantôme tituba vers l'avant. « Je ne me sens pas très bien », dit-il en gémissant tandis qu'il enlevait lentement son masque.

« Le gardien de nuit ! », s'exclama Jon.

Je crois que c'est à vous, dit Garfield en tendant un gant noir au gardien.

– Pourquoi nous avez-vous fait peur ? », lui demanda Jon.

– Pour vous empêcher de fureter par ici, expliqua l'homme, qui était encore un peu pâle. Je m'appelle Higgins. J'ai été le gardien de nuit de Funland. Lorsque le parc a fermé, je suis resté ici.

– Pourquoi errez-vous dans cet endroit terrifiant, demanda John.

– J'adore ce vieux parc, dit Higgins. C'est ma maison depuis 30 ans. Mais je savais que si ses propriétaires découvraient que j'habitais ici, ils me feraient partir. Raison pour laquelle j'ai créé ce fantôme pour faire peur aux gens trop curieux et les tenir à distance. Maintenant, je devrai partir, dit-il avec tristesse.

– M. Higgins, je ne dévoilerai votre secret à personne, dit Jon. Mais à une condition : vous devrez me laisser venir vous visiter. Je veux faire d'autres tours de carrousel !

– Marché conclu, répondit M. Higgins en souriant.

– Moi aussi, je vais revenir, ajouta Garfield. Mais vous devez me promettre deux choses : pas de fantôme et des tonnes de barbe à papa !

Le cas du poisson rouge disparu

L'inspecteur Garfield faisait les cent pas en ignorant le suspect vautré sur une chaise quelques mètres plus loin.

« J'ai besoin de réponses », dit Garfield. « J'ai besoin de faits. Et par-dessus tout, j'ai besoin d'oxygène. Ce va-et-vient exige un trop grand effort physique ! »

« O. K., voici la façon dont je vois les choses », dit Garfield après une pause. « Un poisson rouge ennuyant mais appétissant, nommé Bubbles, disparaît de l'aquarium de Jon. Nous ne savons pas où il se trouve exactement, mais les chances sont bonnes pour qu'il ait abouti sur le grand plateau de fruits de mer dans le ciel, n'est-ce pas ?

Le suspect ne dit rien.

« On a trouvé de nombreuses traces de pattes sur l'aquarium et tout autour », continua Garfield. « Des traces de pattes qui pourraient très bien être les tiennes. » Il jeta un coup d'œil rapide vers le suspect pour observer sa réaction. Ce dernier ne lui offrit qu'un regard froid et imperturbable.

« Tu es coriace, hein ? », demanda Garfield. « Eh bien, moi aussi je le suis. J'ai touché aux chaussettes sales de Jon sans en mourir. Crois-moi, cela va être plus facile pour toi si tu coopères. »

Aucune réponse ne sortit de la bouche du suspect.

« Très bien alors, à ta guise », fit Garfield sur un ton brusque. Il poursuivit sa description de l'affaire. « Comme tu as passé la journée dans la maison seul avec Bubbles, tu as eu de multiples occasions pour commettre ton crime. De plus, tu avais un motif. D'abord, votre espèce a un penchant pour les poissons. Selon toi, la place de Bubbles n'était pas dans un aquarium, mais dans un petit pain rond aux graines de sésame. Le tout accompagné sans doute de quelques rondelles d'oignons. Et suivi d'un gâteau au fromage comme dessert ! »

Garfield se pourlécha et vérifia l'intérieur de ses poches espérant y trouver peut-être une pizza. Pas de chance cependant.

« Euh... où en étais-je ? Ah oui ! Tu avais un autre motif : la jalousie. Tu étais jaloux de l'attention dont Bubbles faisait l'objet. Jaloux du fait qu'il possédait son propre petit château dans lequel dormir tandis que tu devais partager un lit. Alors tu es passé à l'action. Tu l'as attiré hors du château. Et tu l'as agressé avec la sauce tartare. »

Le suspect resta muet.

Garfield se pinça les lèvres. « Tu ne veux toujours pas avouer, hein ? » Il saisit un grand sac en papier et se tint debout devant le suspect, les mains derrière le dos. « O. K. », dit Garfield, « peut-être que tu vas parler maintenant ! » Garfield sortit du sac un tuba et un petit masque de plongée. « Dans le fond de ton placard, j'ai trouvé ceci; c'est encore mouillé ! » Il fourra le masque dans le visage du suspect, qui bascula alors en bas de la chaise.

« Un autre mystère qui mord la poussière », dit Garfield. « Sherlock Holmes, tu n'as qu'à bien te tenir. »

À ce moment, Garfield entendit la porte avant de la maison s'ouvrir. « C'est moi ! », annonça Jon. Odie l'accueillit en jappant. « Allo, Odie », dit Jon. « Allo, Bubbles. » Il s'arrêta. « Bubbles ? Où es-tu ? », demanda Jon. « GARFIELD ! »

Jon entra d'un pas bruyant dans la pièce où se trouvait son chat. « Garfield, qu'est-il arrivé à mon poisson ? »

– Jon, je crains que Bubbles ne soit à Restauville, répondit Garfield. Et voici le coupable. Il montra du doigt le suspect, encore étendu sur le plancher.

– Pooky ? s'écria Jon. T'attends-tu à ce que je croie que ton ours en peluche a mangé mon poisson rouge ? Garfield, jusqu'à quel point suis-je stupide selon toi ?

– Question difficile, répondit Garfield, à laquelle j'ai consacré suffisamment de temps et d'effort.

– Dis-moi, ce masque de plongée et ce tuba, qu'est-ce que cela signifie ?

– Peut-être est-ce la dernière mode ? suggéra Garfield.

– Pas de télé durant un mois ! cria Jon, qui se retourna et s'éloigna d'un pas lourd.